Voici quelques faits amusants, drôles et étonnants sur les animaux.

Mon intention avec ce livre est de vous offrir, à vous et à votre enfant, une expérience de lecture à la fois divertissante et éducative. Ensemble, vous passerez de merveilleux moments à découvrir le monde fantastique des animaux tout en apprenant de nouvelles choses passionnantes à leur sujet.

Profitez de ces instants privilégiés pour rire, vous émerveiller et explorer les incroyables secrets de nos amis les animaux.

Savez-vous que...

RATON LAVEUR

Les ratons laveurs ont des doigts incroyablement sensibles et peuvent même ouvrir des serrures complexes. Ce sont de véritables experts en cambriolage urbain.

CANARD

Le "coin-coin" des canards ne fait pas d'écho, et personne ne sait vraiment pourquoi. C'est comme si les canards avaient un talent secret pour défier les lois de l'acoustique !

ÉLÉPHANT

Les éléphants, ces grands géants majestueux, ne peuvent pas sauter à cause de leur énorme taille et de leur poids. Mais ils ont un super-pouvoir ! Leur trompe leur permet de sentir des choses à des kilomètres et de respirer sous l'eau comme un snorkel. C'est incroyable, non ?

TIGRE

Contrairement à leurs cousins félins, les tigres adorent l'eau ! Oui, ces grands chats se transforment en véritables nageurs olympiques, plongeant dans les piscines et les ruisseaux pour se rafraîchir.

GIRAFE

Les girafes ont une langue bleue qui peut mesurer jusqu'à 50 centimètres. Elles l'utilisent pour attraper des feuilles dans les arbres épineux.

AUTRUCHE

Les autruches ne mettent pas la tête dans le sable pour se cacher, c'est un mythe ! En réalité, elles s'allongent souvent sur le sol pour se camoufler.

ZÈBRE

Chaque zèbre a son propre code-barres de rayures unique, un peu comme les empreintes digitales chez les humains. C'est comme si chaque zèbre portait son propre pyjama personnalisé à rayures !

LION

Les lions mâles sont des champions de la sieste, dormant jusqu'à 20 heures par jour. On pourrait les couronner "les rois de la sieste" !

HYÈNE

Les hyènes rient réellement, bien que ce soit un son plutôt effrayant. Ce rire est souvent un signal de soumission ou d'anxiété.

KOALA

Les koalas dorment jusqu'à 22 heures par jour ! Leur régime alimentaire à base de feuilles d'eucalyptus, pauvre en nutriments, les oblige à économiser leur énergie.

MANCHOT

Les manchots mâles empereurs incubent les œufs pendant environ deux mois en plein hiver antarctique, sans manger. Pendant ce temps, ils se tiennent en groupes serrés pour se réchauffer, se passant l'œuf entre leurs pattes

PIEUVRE

Les pieuvres ont trois cœurs : deux pour envoyer le sang vers les branchies et un pour le reste du corps. Ce sont aussi des expertes en évasion, capables de se faufiler à travers des trous minuscules comme de vrais ninjas des mers.

HIPPOPOTAME

Malgré leur corpulence imposante, les hippopotames peuvent courir plus vite qu'un humain. Ils peuvent atteindre des vitesses de 30 km/h sur de courtes distances.

CHAUVE-SOURIS

Les chauves-souris se servent de l'écholocation, une sorte de radar personnel qui leur permet de "voir" grâce à leurs oreilles. Cela leur permet de se déplacer et de trouver de la nourriture même dans l'obscurité totale.

AXOLOTL

Les axolotls, surnommés "monstres d'eau", sont des salamandres qui restent bébés toute leur vie, sans se transformer en adultes. Ils ont des pouvoirs de régénération incroyables : ils peuvent repousser des membres, des parties de leur cerveau et même des sections de leur cœur.

NARVAL

Les narvals, souvent surnommés les "licornes des mers", portent une longue défense en spirale qui est en réalité une dent géante pouvant atteindre jusqu'à 3 mètres de long.

OURS POLAIRE

La peau des ours polaires est en réalité noire sous leur pelage, ce qui leur permet de mieux absorber la chaleur du soleil. Et devinez quoi ? Leur fourrure n'est pas vraiment blanche, mais transparente ! Elle agit comme une multitude de petits miroirs, reflétant la lumière et leur donnant cet air de nounours des neiges.

PARESSEUX

Les paresseux sont si incroyablement lents que des algues poussent parfois sur leur fourrure ! Cela les transforme en véritables jardins ambulants, parfaits pour se camoufler dans les arbres et éviter les prédateurs. C'est comme s'ils portaient des costumes de camouflage bio.

GRENOUILLE DE VERRE

Les grenouilles de verre sont si transparentes que vous pouvez littéralement voir leurs organes internes à travers leur peau. C'est comme avoir un aperçu en direct d'un manuel de biologie !

POISSON-GLOBE

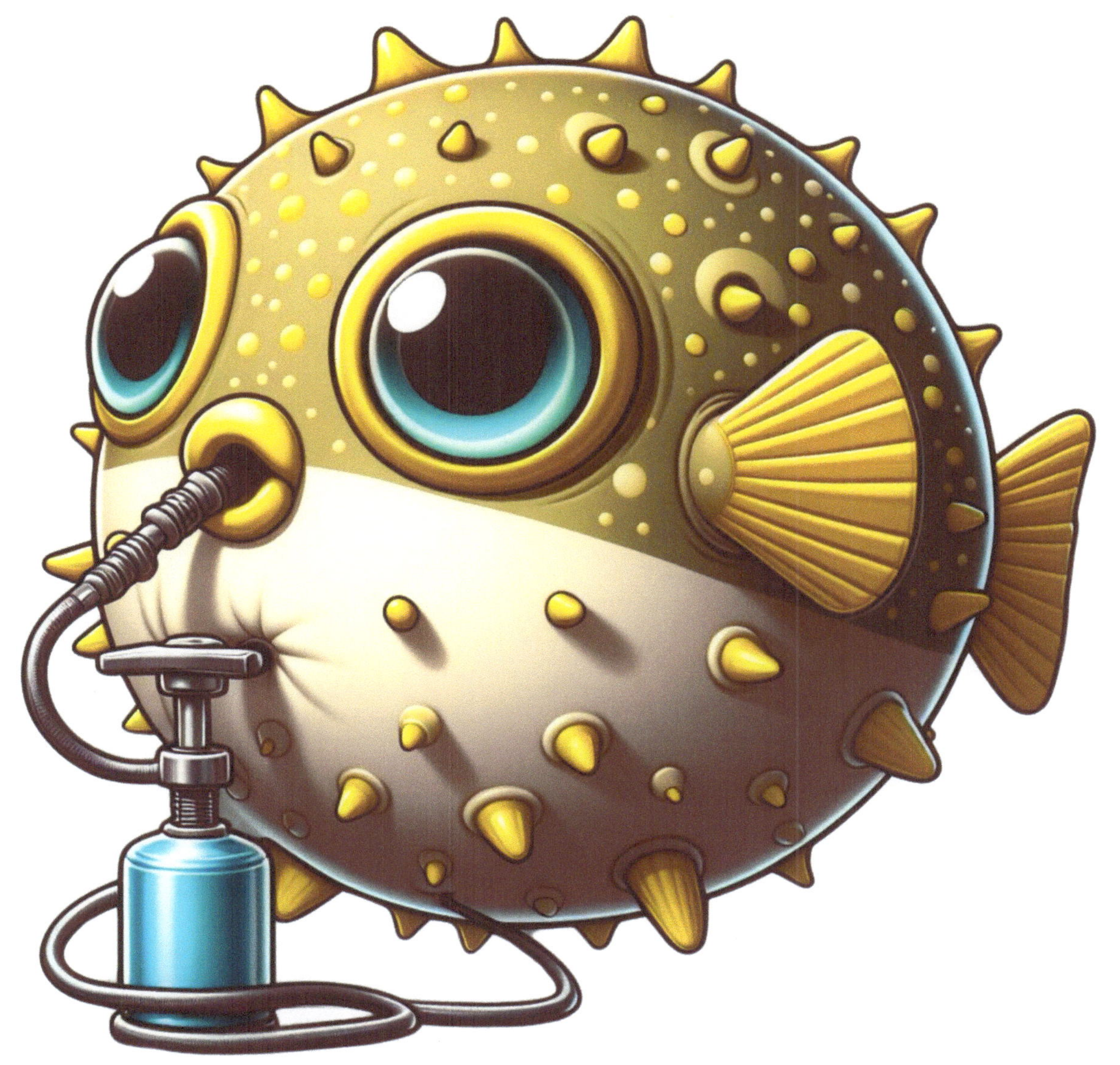

Les poissons-globes se gonflent en avalant de l'eau (ou de l'air) pour paraître plus gros et effrayer les prédateurs. En plus de cette astuce, certains d'entre eux contiennent une toxine puissante, la tétrodotoxine, qui est mortelle pour de nombreux animaux.

DAUPHIN

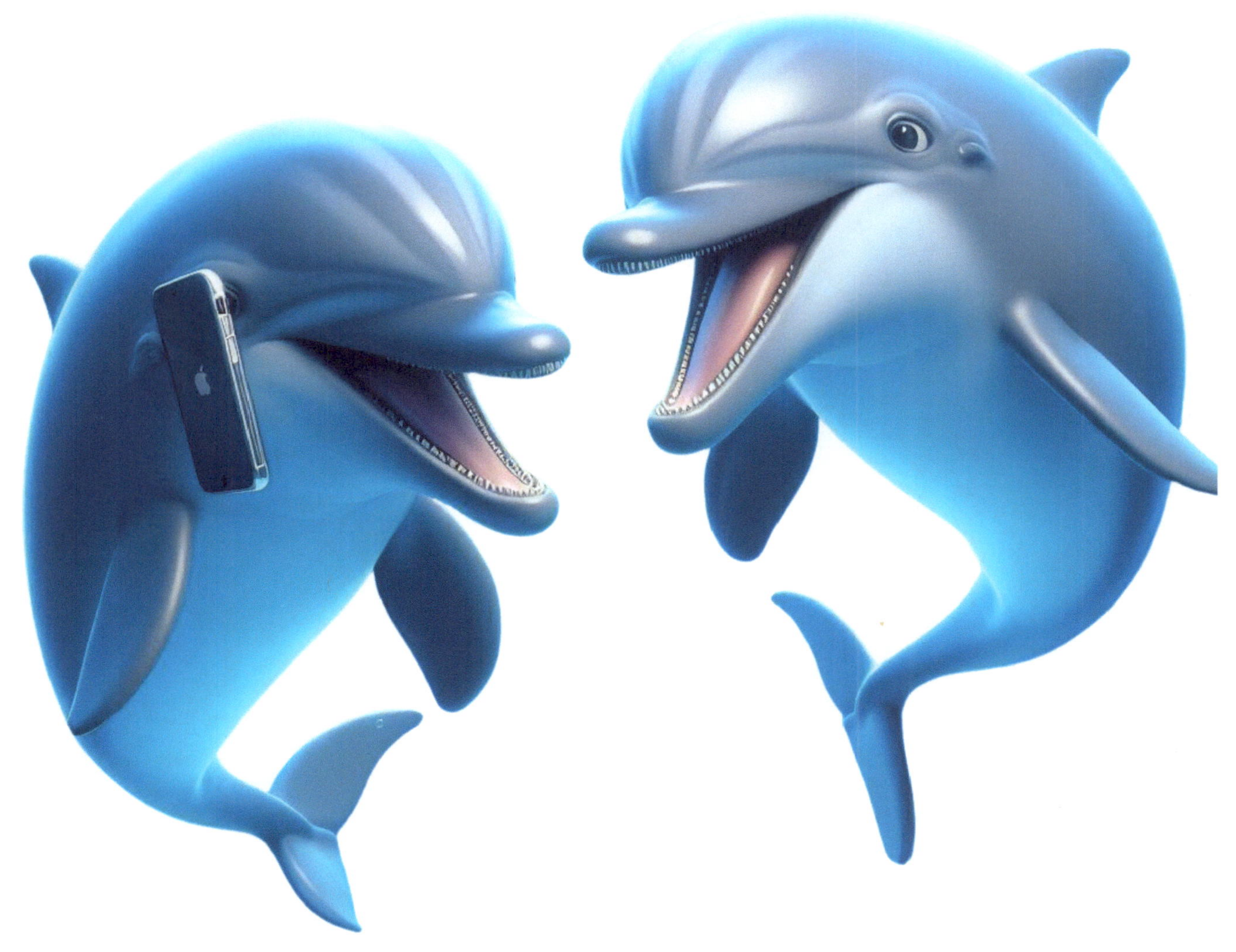

Les dauphins utilisent des sifflements uniques, un peu comme des prénoms, pour s'appeler entre eux. C'est comme s'ils avaient chacun leur propre sonnerie personnalisée pour rester en contact dans l'océan !

CAMÉLÉON

Les caméléons ne se contentent pas seulement de changer de couleur pour se camoufler. Leurs yeux sont comme des rétroviseurs vivants, capables de bouger dans des directions opposées en même temps. Ils peuvent regarder devant et derrière eux simultanément, comme s'ils avaient des super pouvoirs de surveillance à 360 degrés !

QUOKKA

Le quokka est souvent surnommé "l'animal le plus heureux du monde" à cause de son sourire permanent. Mais ce petit marsupial australien a un comportement vraiment bizarre : pour échapper aux prédateurs, il peut lancer ses propres petits hors de sa poche, comme des mini-armes de distraction. C'est un peu sombre pour un animal si mignon

Ces faits montrent que le règne animal est plein de surprises et de comportements fascinants !

Les informations contenues dans ce livre
sont vérifiées et documentées par des
sources fiables en zoologie et en biologie
animale.